Bibliografische Information der Deutschen Nationalbibliothek:

Die Deutsche Bibliothek verzeichnet diese Publikation in der Deutschen National-
bibliografie; detaillierte bibliografische Daten sind im Internet über http://dnb.d-
nb.de/ abrufbar.

Impressum:

Copyright © 2015 GRIN Verlag, Open Publishing GmbH
Druck und Bindung: Books on Demand GmbH, Norderstedt Germany
ISBN: 978-3-668-14171-1

Dieses Buch bei GRIN:

http://www.grin.com/de/e-book/315152/klaus-mann-leben-und-werk-des-schriftstel-
lers

Bernd A. Weil

Klaus Mann. Leben und Werk des Schriftstellers

GRIN Verlag

GRIN - Your knowledge has value

Der GRIN Verlag publiziert seit 1998 wissenschaftliche Arbeiten von Studenten, Hochschullehrern und anderen Akademikern als eBook und gedrucktes Buch. Die Verlagswebsite www.grin.com ist die ideale Plattform zur Veröffentlichung von Hausarbeiten, Abschlussarbeiten, wissenschaftlichen Aufsätzen, Dissertationen und Fachbüchern.

Besuchen Sie uns im Internet:

http://www.grin.com/

http://www.facebook.com/grincom

http://www.twitter.com/grin_com

Dr. Bernd A. Weil

KLAUS MANN (1906-1949)

LEBEN UND WERK DES SCHRIFTSTELLERS

– Ein Vortrag –

Selters (Taunus)

© BW – www.bweil.de

Klaus Heinrich Thomas Mann kam am 18. November 1906 in München als zweites Kind des Schriftstellers Thomas Mann und dessen Ehefrau Katia, geborene Pringsheim, zur Welt. Als zweiten Vornamen trug er den seines Onkels, des Schriftstellers Heinrich Mann, als dritten den seines Vaters Thomas. Die Namengebung des Säuglings täuscht eine familiäre Harmonie vor, die – wie Sie hören werden – so nur selten gegeben war.

Schon früh galt Klaus Mann als der "naseweise Sohn eines berühmten Vaters", wie er sich selbst einmal bezeichnete. An der "Odenwaldschule" in Oberhambach bei Heppenheim an der Bergstraße lehnte er sich gegen den Gründer und Leiter der Freien Schulgemeinde Paul Geheeb ("Paulus") auf (1922/1923). In München trieb er sich des Öfteren mit seiner älteren Schwester Erika herum, hielt bereits als Kind in seinem Tagebuch dezidierte Selbstmordabsichten fest, verfasste schon als Jugendlicher zahlreiche Liebes- und Mordgeschichten, Theaterkritiken und Essays und schrieb mit nicht einmal 26 Jahren seine erste Autobiografie "Kind dieser Zeit" (1932).

Seit 1925 war Klaus Mann als Theaterkritiker und Journalist in Berlin für verschiedene Blätter tätig, während seine eigenen Theaterstücke "Anja und Esther" (1925) und "Revue zu Vieren" (1926) vom Kabarett "Die Pfeffermühle" seiner Schwester Erika aufgeführt wurden, wobei die beiden Geschwister neben Gustaf Gründgens und Pamela Wedekind als Schauspieler auftraten.

Während der österreichische Schriftsteller Stefan Zweig (1881-1942) in einem persönlichen Brief aus dem Jahr 1925 Klaus Mann zu weiteren literarischen Arbeiten ermutigte, verhielt sich der berühmte Vater als Autor der "Buddenbrooks" (1901), der gerade den "Zauberberg" (1924) veröffentlicht hatte, recht distanziert. Der kleine Vater-Sohn-Konflikt war aber nur eine kaum ernst zu nehmende flüchtige Episode.

Klaus Manns literarischer Start war ihm – wie wir gesehen haben – sehr leicht gemacht worden. In seiner zweiten Autobiografie "Der Wendepunkt" (1942) schrieb er darüber: "Was immer ich zu bieten haben mochte, man nahm es mir ab, man fand es interessant." – So wurde Klaus Mann als Schriftsteller neben seinem Vater Thomas und seinem Onkel Heinrich zum "dritten Mann", wie ihn 1934 sein Freund Hermann Kesten bezeichnete. Aus der Rolle des "Sohns" wollte der Individualist Klaus Mann jedoch von Anfang an entschlüpfen.

Klaus Mann beherrschte – wie kaum ein anderer Autor – die Kunst der Selbstanalyse. Mit aller Offenheit bekannte er sich schon früh zu seiner Homosexualität und seiner ausgeprägten Todessehnsucht (Nekrophilie). Wie mir der vor einigen Jahren verstorbene größte private Klaus-Mann-Sammler Klaus Blahak (†) aus Wiesbaden mitteilte, hatte Klaus Mann in seinem Leben mindestens acht oder neun Suizidversuche unternommen, welche die Familie natürlich peinlich verschwieg. Bereits mit **elf** Jahren verfasste er das Theaterstück "Tragödie eines Knaben" (1917), das einen Schülerselbstmord behandelt. In seiner ersten Autobiografie "Kind dieser Zeit" aus dem Jahr 1932 zitierte er Schockierendes aus seinem eigenen Tagebuch, das er als **Siebzehnjähriger** führte: "Zu allen Formen der Selbstvernichtung war man schon fest entschlossen: der Strick hing schon an einem festen Haken im Speicher; dieses Gift könnte man sich so oder so verschaffen; nachts in den Schnee könnte man sich legen tüchtig Schnaps vorher trinken und dann schlafen --; oder einfach vom Turm der Frauenkirche springen, das Hirn aufs

Pflaster verspritzen." – Auch später noch nannte er seine Todessehnsucht eine absurde, aber **schöne** Begierde.

In der Zeit der Weimarer Republik wurde Klaus Mann, der sich stets als engagierter Weltbürger und Verfechter der paneuropäischen Einigung verstand, von linker **und** von rechter Seite beschimpft. Der marxistische Kritiker Siegfried Kracauer nannte ihn 1932 "ein verschmiertes Talent" und fand seinen Roman "Treffpunkt im Unendlichen" (1932) "einfach zum Kotzen", während die Nationalsozialisten ihn wegen seiner Schilderungen von Homosexualität, Inzest und Nekrophilie (Todessehnsucht) hassten.

Klaus Mann verstand sich in erster Linie als Repräsentant der Jugend und machte auch vor nicht "gesellschaftsfähigen" Themen keinen Halt. Die frühe Selbstenthüllung, in der er sich offen zu seiner Homosexualität bekannte, brachte ihm enorme Anfeindungen, wie er selbst in seiner letzten Autobiografie "Der Wendepunkt" (englisch: "The Turning Point" [1942]) feststellte: "Man huldigt nicht diesem Eros, ohne zum Fremden zu werden in unserer Gesellschaft, wie sie nun einmal ist; man verschreibt sich nicht dieser Liebe, ohne eine tödliche Wunde davonzutragen."

Über die Flüchtigkeit seiner Liebesbeziehungen schreibt er in seinem Roman "Symphonie Pathétique" (1935), indem er den russischen Komponisten Peter Tschaikowsky sagen lässt: "Wie flüchtig waren alle diese Abenteuer des Herzens – flüchtig durch meine Schuld [...]. Denn mein Gefühl war nie stark genug, immer hat es versagt. Es entzündete sich schnell an den Fremden, doch es blieb ihnen niemals treu." – Der führende Vertreter der deutschen Literaturkritik, Marcel Reich-Ranicki, schrieb 1976 in der von ihm mit herausgegebenen "Frankfurter Allgemeinen Zeitung", dass sich Klaus Mann durch "sein offenes Bekenntnis zur Päderastie (Knabenliebe; B. W.) vom Zwang zum Doppelleben befreit" hat.

Bereits 1930, als die NSDAP bei den Reichstagswahlen 18,3 % der Stimmen (gegenüber nur 2,6 % im Jahr 1928) erhielt, warnte Klaus Mann vor Adolf Hitler und seiner diabolischen Barbarei. So früh erkannten nur wenige die Gefahren, die von den Nazis ausgingen. Schon im Mai 1931 diskutierte man in seinem Elternhaus die Möglichkeit des Exils im Falle einer nationalsozialistischen Diktatur.

Im August 1932 veröffentlichten die Nationalsozialisten im "Völkischen Beobachter" eine Liste der "Repräsentanten einer dekadenten Niedergangsperiode", deren Werke verboten werden sollten und die die Grundlage der Bücherverbrennungslisten ("Schwarze Listen") von Mai 1933 darstellte. Auch die Namen Klaus und Heinrich Mann fanden sich auf diesen Listen.

Nachdem Adolf Hitler am 30. Januar 1933 von Reichspräsident Paul von Hindenburg aufgrund des Artikels 48 der Weimarer Reichsverfassung zum Reichskanzler ernannt und mit der Regierungsbildung beauftragt worden war, sah Klaus Mann für sich keine andere Möglichkeit als die des Exils. Erika und Klaus warnten ihre Eltern telefonisch vor einer Rückkehr aus dem schweizerischen Arosa nach München, weil Bayern am 9. März 1933 "gleichgeschaltet" und General Ritter von Epp als Reichsstatthalter eingesetzt worden war. Klaus Mann verließ er als einer der jüngsten Schriftsteller einen Tag nach seiner Schwester Erika am 13. März 1933 die Heimat und ging nach Frankreich (zunächst nach Paris). – Schätzungen zufolge beläuft sich die Gesamtemigration aus Deutschland auf rund 400.000 Menschen, von denen etwa 2.000 literarisch tätig waren.

Klaus Mann war davon zurecht überzeugt, dass ihn die Nazis – wäre er nicht geflohen – "totgeschlagen – mindestens eingesperrt hätten" (Das Wort, Heft 4/5 [1937], S. 182). Thomas Mann schrieb 1950 über die Exilerfahrung seines ältesten Sohns: "Sie endete, diese spielerisch-übermütige und begabte Kindheit, eigentlich mit dem Exil. Dieses machte ihn zum Mann; die Erfahrung des Bösen rief seinen Ernst auf." (Klaus Mann zum Gedächtnis, Seite 8) – Wie viele Exilierte, glaubte Klaus Mann anfangs, dass das "Dritte Reich" nur eine vorübergehende Episode sei. – Den Irrtum bemerkten viele erst, als es zu spät war.

Am 10. Mai 1933 verbrannte man in Leipzig die Bücher von Klaus Mann und seinem Onkel Heinrich. Thomas Mann wurde als größter lebender Schriftsteller der Deutschen und als Nobelpreisträger (1929) zunächst noch "verschont" (bis 1936). – Bereits im Jahr 1824 formulierte der deutsche Dichter Heinrich Heine im Zusammenhang mit der Zensurpolitik des Fürsten Metternich den bedeutenden Satz: "Dort, wo man Bücher verbrennt, verbrennt man auch am Ende Menschen." Und er sollte über 100 Jahre später noch Recht behalten.

Das Exil trieb Klaus Mann nach Sanary-sur-mer in Südfrankreich und nach Amsterdam, wo er von 1933 bis 1935 die erste literarische Exilzeitschrift, "Die Sammlung", herausgab. Von einer Position der Mitte her wollte er für das "Verstoßne, für dieses zum Schweigen gebrachte, für dieses wirkliche Deutschland [...] eine Stätte der Sammlung sein" (Heute und morgen). – Der Skandal aber, der sich am Erscheinen der ersten Hefte entwickelte, stellte politischen Sprengstoff dar. Die Mitarbeiterliste der "Sammlung" nannte auch die Namen Alfred Döblin, Thomas Mann, René Schickele und Stefan Zweig. Durch diese Namensliste aufgebracht, ließ die "Reichsstelle zur Förderung des deutschen Schrifttums" vom "Börsenblatt für den Deutschen Buchhandel" am 10. Oktober 1933 eine Warnung vor literarischen Exilzeitschriften, insbesondere vor der "Sammlung", verbreiten.

Am 14. Oktober 1933 – also nur vier Tage später – ließ die "Reichsstelle" im "Börsenblatt" die Distanzierungsschreiben der genannten Autoren gegenüber der "Sammlung" veröffentlichen, die diese zuvor ausnahmslos an Klaus Mann und ihre "reichsdeutschen" Verleger geschickt hatten, in denen sie sich aus angeblichen politischen Differenzen von der Zeitschrift lossagten. Dass sich sogar der eigene Vater von seiner Zeitschrift öffentlich distanzierte (nicht aber sein Onkel Heinrich!), muss Klaus Mann tief getroffen haben. Er unterließ es jedoch – aus Rücksicht auf seinen Vater und um die Spaltung der Exilierten nicht weiter voranzutreiben –, Erwiderungen von den Autoren der Distanzierungsschreiben zu verlangen, obwohl dieser Skandal von den Nationalsozialisten als ein Sieg über den beginnenden Exilwiderstand gewertet und entsprechend gefeiert wurde.

Am 3. November 1934 wurde Klaus Mann von der deutschen Reichsregierung ausgebürgert, was er als Auszeichnung empfand. Mit der Ausbürgerung aber waren die Exilierten zunächst staatenlos und damit der Willkür der Aufnahmeländer ausgeliefert. Klaus wurde – wie später die gesamte Familie Mann – am 25. März 1937 tschechoslowakischer Staatsbürger, ein überaus seltenes Entgegenkommen eines "Gastlandes", denn die Exilierten waren – wie mir der in Hofheim lebende Exilforscher

Hans-Albert Walter in einem Gespräch mitteilte – in ihren Aufnahmeländern geduldet, aber keinesfalls willkommene "Gäste".

Zürich, Paris, Moskau, Budapest, Salzburg und Prag waren weitere Stationen des bewegten Lebens Klaus Manns. Um den antifaschistischen Widerstand in Deutschland zu unterstützen, beteiligte er sich an der anonymen, illegalen Tarnschrift "Deutsch für Deutsche", einer vom "Schutzverband Deutscher Schriftsteller (SDS)" im Juni 1935 in Paris herausgegebenen Anthologie exilierter Literaten. In seinem Anfang April 1935 verfassten "offenen Brief" "An die Staatsschauspielerin Emmy Sonnemann-Göring", die Ehefrau des Ministerpräsidenten Hermann Göring, stellte Klaus Mann ihr die rhetorische Frage: "Treten hinter den üppigen Portieren nicht die Erschlagenen aus den Konzentrationslagern hervor, die zu Tode Geschundenen, die auf der Flucht Erschossenen, die Selbstmörder?"

Zu diesem Zeitpunkt (1935) glaubte Klaus Mann – wie die meisten Exilierten – zumindest noch an die Möglichkeit einer Rückkehr nach Deutschland nach dem Sturz des NS-Regimes. – Zugleich jedoch erschien ihm der Nationalsozialismus als etwas Allgegenwärtiges, das ihm nächtliche Albträume bescherte, in denen er sich von Nazihäschern unentrinnbar verfolgt sah. (Von ähnlichen Ängsten in seiner Schweizer Exilzeit berichtete mir der inzwischen leider verstorbene Germanistikprofessor der Frankfurter Johann-Wolfgang-Goethe-Universität Ernst Erich Noth.)

Der "Faschismus" war für Klaus Mann "der Zerstörer der echten europäischen Werte" (Heute und morgen), während er stets an das "andere, bessere Deutschland" (The Other Germany [1940]) glaubte. Klaus Mann war ein überzeugter Antimilitarist. Trotz seiner Nähe zum Sozialismus war er

<u>kein</u> Kommunist oder Marxist, wie er in seinem zweiten Lebensbericht "Der Wendepunkt" schrieb. In politischer Hinsicht stand er seinem Onkel Heinrich näher als seinem Vater. Professor Klaus Hubert Pringsheim jr. (1923-2001), Neffe Thomas Manns und Präsident des "Canada-Japan Trade Council" in Ottawa (Kanada), lebte Anfang der 40er Jahre des 20. Jahrhunderts bei seinem Onkel im kalifornischen Pacific Palisades (San Remo Drive 1550). Er berichtete mir bei einem seiner Besuche in unserem Haus in Selters, dass zwischen den Brüdern Thomas und Heinrich Mann Anfang der 40er Jahre meistens eine Art des politischen "Burgfriedens" bestand, indem man beiderseits brisante politische Themen mit Bedacht aussparte.

Bis 1936, als Klaus Mann in den USA lebte, war er zu einer der herausragenden Persönlichkeiten unter den Exilschriftstellern avanciert. Er widmete sich umfangreichen literarischen und journalistischen Aktivitäten und war im Jahr 1938 zusammen mit seiner Schwester Erika als Korrespondent im Spanischen Bürgerkrieg (1936-1939). Dennoch konnte er finanziell nur dank seines gut situierten Elternhauses oder mit Schulden überleben, wie er selbst in zahlreichen Briefen immer wieder beklagte.

Inzwischen war Klaus Mann in extremem Maß dem Heroin verfallen. Seine Drogenabhängigkeit war bereits so weit fortgeschritten, dass er sich von Mai bis Juni 1937 einer Entziehungskur in einem Budapester Sanatorium unterziehen musste.

In der Zeit des Exils schrieb Klaus Mann vier große Romane: "Flucht in den Norden" (1934), "Symphonie Pathétique" (1935), "Mephisto" (1936) und "Der Vulkan" (1939). Wie mir der inzwischen verstorbene Besitzer der größten privaten Klaus-Mann-Sammlung, der Wiesbadener Klaus Blahak, mitteilte, lassen sich nahezu alle Figuren in Klaus Manns Romanen und Erzählungen auf bereits verstorbene oder noch lebende Personen zurückführen. In allen seinen Exilwerken werden das nationalsozialistische Deutschland und das Leben in der Verbannung thematisiert, mit Ausnahme der "psychologischen" Rahmennovelle "Vergittertes Fenster" (1937) über den rätselhaften Tod König Ludwigs II. von Bayern im Starnberger See.

Der Roman "Flucht in den Norden" (1934) spielt in Finnland und behandelt die Themen Flucht und Verantwortung im Exil. – In Klaus Manns zweitem Exilroman, "Symphonie Pathétique" (1935), dessen tragischer Held der russische Komponist Pjotr Iljitsch Tschaikowsky (1840-1893) ist, lautet das zentrale Thema wiederum Heimatlosigkeit. Tschaikowsky, mit dem sich der Autor des Öfteren identifiziert, steht in einer homoerotischen Beziehung zu seinem Neffen Wladimir, genannt "Bob". In der Einsamkeit, die ihm dieser Eros bringt, vollendet er sein Meisterwerk, die Symphonie Nr. 6, h-Moll, opus 74, "Pathétique", zu einer Zeit, als sich Tschaikowsky bereits mit Selbstmordabsichten trägt. In seinem Pariser Exil trinkt er – entgegen der historischen Realität – **mit Absicht** ein Glas choleraverseuchten Wassers und stirbt. Indem er die Homosexualität und den Suizid Tschaikowskys zu rechtfertigen versuchte, warb Klaus Mann gleichzeitig beim Leser um Verständnis für seine eigene Lage.

In "Mephisto" (1936), Klaus Manns "Roman einer Karriere", zeichnet er ein Bild des Mitläufers im nationalsozialistischen Deutschland. Der Roman schildert den Aufstieg des begabten Schauspielers Hendrik Höfgen vom Star eines Hamburger Provinztheaters zum gefeierten Staatsschauspieler, "Senator" und Intendanten im Dritten Reich. Weil der Roman angeblich das Ansehen und das Andenken an den in Manila 1963 verstorbenen

Schauspieler Gustaf Gründgens (1899-1963), den ehemaligen Freund und Schwager Klaus Manns, verletze und verunglimpfe, wurde die 1965 in der Bundesrepublik erschienene Neuausgabe am 9. Juni 1966 vom Bundesgerichtshof verboten und musste von der Nymphenburger Verlagshandlung zurückgezogen werden. Hier zeigt sich jedoch ein merkwürdiger juristischer Widerspruch: Die Romanfigur heißt Hendrik Höfgen und nicht Gustaf Gründgens; woran aber will man ihn erkannt haben, wenn er von Klaus Mann beleidigend verzeichnet wurde?

Nach einer sieben Jahre andauernden gerichtlichen Auseinandersetzung zwischen Peter Gründgens-Gorski, dem Adoptivsohn und Alleinerben des verstorbenen Schauspielers und Intendanten Gustaf Gründgens, und der Nymphenburger Verlagshandlung (Berthold Spangenberg) hat das Bundesverfassungsgericht (BVG) unter dem Aktenzeichen - 1 BvR 435/68 - am 24. Februar 1971 das Publikationsverbot bestätigt, zugleich aber die Möglichkeit offengehalten, dass der Roman mit einem "entsprechenden" Vorwort veröffentlicht werden könnte.

Im Jahr 1979 veröffentlichte die französische Regisseurin Ariane Mnouchkine vom "Théâtre du Soleil" in Paris Klaus Manns Roman "Mephisto" als neu gefasstes Bühnenstück, das sie 1980 auf die internationalen Bühnen und ins Deutsche Fernsehen (Hessen 3 und WDR 3) brachte. Nachdem ein sogenannter Raubdruck des "Mephisto" 1980 ungehindert verkauft wurde (z. B. auf der Frankfurter "Gegenbuchmesse"), veröffentlichte der Rowohlt-Verlag in Zusammenarbeit mit dem Lizenzinhaber Berthold Spangenberg am 2. Januar 1981 in einem Überraschungscoup den hierzulande nach wie vor verbotenen Exilroman als preiswerte Taschenbuch-Lizenzausgabe in einer Startauflage von 30.000

Exemplaren. Dadurch wurde das seit siebzehn Jahren bestehende fadenscheinige Verbot endgültig ad absurdum geführt. Somit ist erfreulicherweise Klaus Manns Exilroman "Mephisto" 45 Jahre nach seinem Erscheinen, 32 Jahre nach dem Tod des Autors und 18 Jahre nach dem Tod Gustaf Gründgens' aus dem Exil zurückgekehrt. – Schließlich wurde der Roman 1981 in einer ungarisch-deutschen Koproduktion von István Szabó und Peter Dobai mit Klaus Maria Brandauer in der Hauptrolle verfilmt. Der überaus erfolgreiche Spielfilm erhielt hohe internationale Auszeichnungen: zwei Preise bei den Filmfestspielen in Cannes und 1982 in Hollywood den "Oscar" für den besten ausländischen Film des Jahres 1981. – Inzwischen wurde der Roman "Mephisto" in mindestens 17 Sprachen übersetzt und vielhunderttausendfach aufgelegt.

Vom Herbst 1937 bis zum Frühjahr 1939 schrieb Klaus Mann an seinem "Roman unter Emigranten": "Der Vulkan" (1939). Er schildert darin alle wesentlichen Strömungen und Exponenten des deutschen Exils in Europa, Amerika und Asien. Der Roman, der neben Lion Feuchtwangers "Exil" und Anna Seghers' "Transit" einen der bedeutendsten Exilromane darstellt, gliedert sich in drei Teile: 1. die abenteuerliche Flucht (1933-1934), 2. die Etablierung im Exil (1935-1937) und 3. der Übergang vom Provisorischen zum Alltag (1937-1938). In einem Brief vom 6. Juli 1949 an den Schriftsteller Hermann Hesse bezeichnete Thomas Mann den "Vulkan" als den "vielleicht besten Emigrationsroman", obwohl innerhalb der ersten drei Monate nur etwa 300 Exemplare verkauft wurden, wie mir der Exilforscher Hans-Albert Walter in Hofheim am Taunus mitteilte.

Seit 1936 lebte Klaus Mann – ebenso wie seine Schwester Erika – mit Unterbrechungen im amerikanischen Exil, wo er zusammen mit ihr die englischsprachigen Bücher "Escape to Life" (1939) und "The Other Germany" (1940) verfasste. In Amerikas Literatur und Politik sah Klaus Mann zunehmend eine neue Hoffnung, nicht ahnend, dass er als früher Nazigegner und Homosexueller bereits im New Yorker "Hotel Bedford" von FBI-Agenten observiert wurde. Die erst vor wenigen Jahren frei gegebenen Akten des von J. Edgar Hoover geleiteten Federal Bureau of Investigation enthüllen banalste Bespitzelungen zahlreicher Emigranten, wie mir der im kalifornischen Pacific Palisades lebende ehemalige Privatsekretär Thomas Manns, Konrad Kellen (eigentlich Katzenellenbogen), bei einem meiner zahlreichen Besuche erzählte. Die Ursachen für die FBI-Überwachungen sieht Konrad Kellen (1913-2007), der 1935 ebenfalls ins amerikanische Exil ging und ein Jugendfreund von Klaus und Erika Mann war, in der übersteigerten Angst vor Kommunisten und in der Tatsache, dass die Exilierten bereits Nazigegner waren, bevor es das "offizielle" Amerika wurde ("premature antifascist" ["vorzeitiger Antifaschist"]).

Die FBI-Überwachung und die homosexuelle Neigung verhinderten zunächst die Aufnahme Klaus Manns in die amerikanische Armee, obwohl er sich mehrfach freiwillig meldete. Als er am 28. Dezember 1942 endlich angenommen wurde und am 4. Januar 1943 seinen Dienst in der US-Army antrat, wohnte er bei seinen Eltern Thomas und Katia Mann in Pacific Palisades bei Los Angeles in Kalifornien, wo sich zu dieser Zeit auch der Neffe Thomas Manns, Klaus Hubert Pringsheim, aufhielt. Professor Pringsheim teilte mir mit, dass ihm zu dieser Zeit keine FBI-Limousinen vor Thomas Manns Haus im San Remo Drive Nr. 1550 aufgefallen seien, obwohl die Familie nach wie vor beobachtet wurde.

Vor und während seiner Armeezeit wurde Klaus Mann wieder von starken Depressionen und einer regelrechten Todessehnsucht geplagt, wie Tagebucheintragungen belegen. Erst nach seiner Einbürgerung ("naturalization") am 25. September 1943 wurde er am 24. Dezember 1943 mit einer militärischen Einheit von Exilierten über Casablanca in Nordafrika nach Europa geschickt und nahm am Italien-Feldzug teil. Er diente in der "Psychological Warfare Branch" (P.W.B.), einer britisch-amerikanischen Organisation für Frontpropaganda und Gefangenenverhöre, schrieb für die amerikanische Armeezeitung "Stars and Stripes" und verfasste Flugblätter, die deutsche Soldaten zum Aufgeben bewegen sollten. (Einige dieser seltenen Flugblätter befinden sich heute im Klaus-Mann-Archiv der Staatsbibliotheken München.)

Als Korrespondent der amerikanischen Soldatenzeitung "Stars and Stripes" kehrte Klaus Mann am 8. Mai 1945, dem Tag der "bedingungslosen Kapitulation" des Dritten Reichs, nach Deutschland zurück. Nach zwölf langen Jahren des Exils musste er allerdings feststellen, dass die "Waffenbrüderschaft" zwischen Ost und West schon bald vom "Kalten Krieg" abgelöst wurde, dass die Exilschriftsteller in ihrer alten Heimat nicht die verdiente Aufnahme fanden. Wie in meiner Biografie über Klaus Mann geschildert, wurden und er und seine Schwester Erika im Jahr 1948 ungestraft als "Komintern-Agenten" Stalins diffamiert.

In einem seiner letzten posthum veröffentlichten Essays schrieb Klaus Mann 1949: "Es gibt keine Hoffnung", und er forderte die Intellektuellen zu einer kollektiven Selbstmordwelle als Massenprotest gegen die tödliche Dummheit der Menschen auf. – Am Abend des 20. Mai 1949 nahm er – nahezu mittellos, aber voller Pläne – in seinem Hotelzimmer im "Pavillon Madrid" der Gräfin Lilly Medem im südfranzösischen Cannes eine Überdosis Schlaftabletten. Nachdem Klaus Mann fast 24 Stunden lang bewusstlos gelegen hatte, starb er am 21. Mai 1949 um 18^{00} Uhr. Sein Grab befindet sich noch heute – von einer zu groß gewordenen Agave überwuchert – auf dem Hauptfriedhof in Cannes. Klaus Manns jüngerer Bruder, der Historiker Golo Mann, schrieb mir, als er achtzig Jahre alt wurde, dass er die Selbsttötung seines Bruders für eine spontane, nicht geplante oder politisch motivierte Aktion halte. Die etwa acht vorausgegangenen Suizidversuche belegen diese Ansicht Golo Manns.

Schließen möchte ich meinen Vortrag mit einer Strophe aus Klaus Manns Gedicht "Kaspar Hauser singt" aus dem Jahr 1925:

> "Betet – betet für mich,
> Es irrt meine arme Seele,
> Ihr Sterne, ihr Wolken, betet für mich,
> Für meine verlorene Seele."